Grandes Inventions I numéro 3

THOMAS EDISON,
LE MAGICIEN DE MENLO PARK

— La vie lumineuse d'un inventeur insatiable

par Benjamin Reyners

50MINUTES

Avec la collaboration de Christelle Klein-Scholz

THOMAS EDISON

- **Naissance ?** Le 11 février 1847 à Milan dans l'Ohio (États-Unis).
- **Mort ?** Le 18 octobre 1931 à West Orange dans le New Jersey (États-Unis).
- **Inventions et découvertes notables ?**
  - Le phonographe (1877).
  - L'ampoule électrique (1879).
  - L'effet Edison (1880).
  - La centrale électrique (1882).
  - Le kinétographe et le kinétoscope (1891).
- **Répercussions de ses inventions et découvertes ?** Pionnier du cinéma grâce à son kinétoscope, et de l'industrie de la musique par l'intermédiaire de son phonographe, il démocratise également l'usage de l'électricité dans les foyers américains puis européens, et favorise le développement massif de l'éclairage public électrique. Avec la découverte de son effet Edison, il est en outre à l'origine de l'industrie de l'électronique qui conduira à l'invention de la radio et de la télévision.

Inventeur intarissable, titulaire de plus d'un millier de brevets au cours de sa longue existence, Thomas Edison est l'incarnation par excellence du *self-made man* américain. Se formant seul par ses lectures et ses expériences, cet autodidacte génial doublé d'un homme d'affaires ambitieux passe de petit marchand de journaux à 12 ans à chef d'entreprise à seulement 24 ans.

Tel un Léonard de Vinci des temps modernes, Edison est un véritable touche-à-tout. Il est d'ailleurs souvent considéré comme le plus grand inventeur de tous les temps. Son génie a apporté à notre monde la lumière, la chaleur et la puissance de l'électricité. Et bien qu'il soit rarement le seul et unique créateur des inventions qui l'occupent, il n'y aurait peut-être jamais eu de tourne-disque, de cinéma, de téléphone ou d'ampoule électrique sans son incroyable talent.

Grâce à la commercialisation de ses trouvailles, Edison est comblé de gloire et bâtit un véritable empire industriel. Mais au-delà de sa réussite personnelle, il souhaite avant tout changer la vie des gens, déclarant après avoir fondé la première centrale électrique : « Je vais rendre l'électricité si bon marché que seuls les riches pourront se payer le luxe d'utiliser des bougies ! » (LEFRANÇOIS (Marc), *Histoires insolites de la science et des scientifiques*, Saint-Victor-d'Épine, City Éditions, 2014, p. 98).

La vie de Thomas Edison coïncide et se confond avec la période d'édification de l'Amérique moderne, une époque faste et prometteuse qui offre de vastes possibilités aux inventeurs.

LA CONQUÊTE DE L'OUEST

En 1847, année de naissance d'Edison, l'Amérique toute entière est absorbée par la conquête de son propre territoire. Depuis l'obtention de leur indépendance en 1783, les vieilles colonies américaines établies sur la côte Est n'ont eu de cesse de s'étendre. En 1803, elles doublent la superficie de leur territoire grâce au rachat de la Louisiane à la France, et entament une première poussée vers l'intérieur du continent. La frontière nord des États-Unis est fixée en 1846, en accord avec la Grande-Bretagne, première puissance mondiale de l'époque dont dépend le Canada. Quant à la frontière sud, elle est reconnue deux ans plus tard, au prix d'une guerre sanglante avec le Mexique. Il reste désormais à relier l'Est et l'Ouest.

Depuis les années 1830, l'Amérique connaît une croissance démographique exceptionnelle. Cette nouvelle terre promise, synonyme de liberté et de prospérité économique, attire en effet de plus en plus d'immigrants. Ces derniers forment plusieurs vagues de chercheurs d'or et contribuent à peupler le centre du pays. L'espoir d'une vie meilleure accélère ainsi la colonisation intérieure, au détriment néanmoins des peuples amérindiens qui sont déplacés et massacrés en masse.

Transporter hommes, bêtes et matériaux à travers des territoires parfois hostiles pose d'énormes problèmes logistiques aux colons venus de l'Est. Heureusement, l'avènement du chemin de fer et du télégraphe permet de surmonter les soucis de transport et de communication. Ces deux inventions, essentielles pour la conquête de l'Ouest et l'expansion économique des États-Unis, jouent également un rôle primordial dans la vie d'Edison. C'est en effet grâce au développement ferroviaire que le jeune Thomas décroche son premier emploi, et c'est aussi via le chemin de fer qu'il découvre le télégraphe et le monde mystérieux de l'électricité.

LA GUERRE DE SÉCESSION

Parallèlement, pendant plusieurs décennies, le débat autour des esclaves noirs polarise la vie politique américaine. Les États du Sud, qui vivent principalement de l'agriculture, ont bâti toute leur économie sur l'esclavage, tandis que dans les États du Nord, largement industrialisés, on s'y refuse.

Dans les années 1850, de nouveaux États sont créés à l'Ouest. Le débat sur l'esclavagisme qui s'ensuit fait craindre aux États du Sud de devenir minoritaires et de perdre à terme la main-d'œuvre bon marché sur laquelle repose leur économie.

Le point de rupture est atteint en 1860. Abraham Lincoln (1809-1865), partisan convaincu de l'abolition de l'esclavage, obtient la présidence des États-Unis. Aussitôt, les États sudistes décident de faire sécession et le pays ainsi divisé s'enfonce dans la guerre civile. L'abolition de l'esclavage est proclamée en 1862 et entre en vigueur le 1er janvier 1863. Le président Lincoln est alors réélu. En 1865, après quatre ans de combats ininterrompus, le Nord remporte finalement la victoire sur le Sud, peu de temps avant que le président soit assassiné par un sudiste.

L'ÉMERGENCE D'UNE SUPERPUISSANCE

Au cours du demi-siècle qui suit le traumatisme de la guerre de Sécession, les États-Unis consolident leur assise dans tous les domaines (politique, géographie, économie, démographie, culture).

À la fin des années 1860, la frontière de l'Ouest est repoussée. En 1869, le pays a quasiment atteint ses limites territoriales définitives et la première ligne de chemin de fer transcontinentale est inaugurée. La même année, le droit de vote est accordé à tous les citoyens américains, sans distinction de race ou de couleur. Une société ségrégationniste se met toutefois progressivement en place, d'abord dans le Sud, où les Noirs restent considérés comme des citoyens de seconde zone.

Les quelques décennies qui mènent à la Première Guerre mondiale (1914-1918) sont marquées par la croissance et le développement. Les exploitations agricoles dans le Sud et l'Ouest s'agrandissent pendant que l'industrialisation s'intensifie dans le Nord et l'Est. L'Amérique du Nord bénéficie en outre d'abondantes richesses naturelles (mines d'or d'Homestake, charbon des Appalaches, pétrole du Texas) qui sont intensivement exploitées.

Le modèle capitaliste se met en place et contribue à l'essor de la science et des inventions. Il y a chaque jour de nouveaux défis techniques à relever et les possibilités de débouchés économiques stimulent les nombreux inventeurs. Tous les mois, des centaines de brevets sont ainsi déposés, et la vie quotidienne des Américains est ponctuellement bouleversée par des innovations technologiques et par de nouveaux produits de consommation, tels que le chewing-gum (1870), le téléphone (1874), l'ascenseur (1880), le premier gratte-ciel (1884), le Coca-Cola (1888), la Ford T, première automobile de grande série (1908), ou encore le réfrigérateur (1913).

Dans ce contexte compétitif, où presque tout est encore possible, Thomas Edison travaille sans relâche et ses incroyables inventions apparaissent comme autant de moteurs technologiques pour la croissance de son pays natal. Au terme de la Grande Guerre, les États-Unis intègrent finalement le cercle des grandes puissances mondiales, et ce en moins de 150 ans.

LA VIE LUMINEUSE DE THOMAS EDISON

UN ENFANT AUTODIDACTE

Septième et dernier-né d'une famille modeste, Thomas Alva Edison voit le jour le 11 février 1847 dans une petite maison située au bord du grand lac Érié, à Milan, dans l'Ohio. Son père, Samuel Edison (1804-1896), dirige à l'époque une entreprise de bois prospère.

Dès son plus jeune âge, Thomas montre très vite qu'il n'est pas un enfant comme les autres. Espiègle et rieur, il est aussi doté d'une grande intelligence et d'une soif de connaissances intarissable. Le monde qui l'environne titille constamment sa curiosité débordante : il observe, explore et expérimente tout et n'importe quoi, si bien qu'entre autres bêtises, il met un jour le feu à la grange de son père en étudiant la combustion.

En 1854, la famille Edison déménage à Port Huron, dans le Michigan. Dans sa nouvelle école, Thomas, qui est âgé de sept ans, est considéré comme un enfant hyperactif. Son professeur finit d'ailleurs par le renvoyer en prétextant qu'il pose trop de questions et qu'il est trop instable. Blessée dans son orgueil maternel, Nancy (vers 1808-1871), la mère de Thomas, décide de se charger elle-même de son éducation. Sous la direction affectueuse de cette ancienne institutrice, le petit garçon fait des progrès étonnants. Il apprend facilement et dévore tous les ouvrages de la bibliothèque familiale. À dix ans, il découvre les sciences avec enthousiasme lorsque sa mère lui offre un livre d'expériences de chimie et de physique. Il les réalise une à une dans un petit laboratoire qu'il installe dans la cave familiale et prend goût à la pratique expérimentale, non sans provoquer quelques accidents.

Trois ans plus tard, le jeune Thomas contracte la scarlatine qui lui cause une surdité partielle qu'il gardera toute sa vie. D'un naturel optimiste, rarement abattu, Edison voit toujours le bon côté des choses. C'est pourquoi il ne percevra jamais son problème d'ouïe comme un handicap, bien au contraire. Être partiellement sourd lui évite les bavardages inutiles, accentue sa capacité de concentration et décuple son avidité pour la lecture, en particulier des ouvrages de chimie, de mécanique et d'électricité.

LE PETIT MARCHAND DE JOURNAUX

Quand il atteint l'âge de 12 ans, Thomas annonce à ses parents qu'il veut devenir indépendant et gagner à son tour de l'argent. Il obtient, non sans difficultés, l'autorisation de vendre des journaux et des friandises dans le train de la ligne Port Huron-Détroit. Une fois les voyageurs servis, Edison s'éclipse dans le laboratoire clandestin qu'il a construit à bord du fourgon à bagages. Mais son stratagème finit par être découvert après qu'il a déclenché, une fois encore, un incendie en laissant tomber une bouteille de phosphore sur le plancher. Edison dit adieu à son laboratoire mobile, reçoit une sacrée correction, mais conserve son poste.

Aussi Edison fréquente-t-il assidûment la bibliothèque de Détroit durant les heures d'arrêt. L'adolescent ne se contente pas de lire quelques livres. Non, il lit la bibliothèque entière en suivant l'ordre alphabétique depuis le bas des étagères jusqu'en haut, rayon après rayon. Son sens des affaires s'affirme très tôt. Edison imprime en effet son propre journal, le *Weekly Herald*, alimenté par les informations glanées à chaque halte du train auprès des télégraphistes. Le contexte aidant – la guerre de Sécession vient tout juste d'éclater –, les voyageurs s'arrachent les journaux. Son petit commerce connaît un tel succès qu'Edison rentre tous les soirs les poches remplies d'argent.

C'est par un heureux hasard que l'électricité entre dans la vie de Thomas Edison. Un jour, sur la voie ferrée, il sauve héroïquement le fils d'un opérateur télégraphiste. Pour prouver sa gratitude, ce dernier lui enseigne les rudiments de son métier. Une nouvelle existence s'impose alors au petit vendeur de journaux : à 15 ans, Edison décide d'embrasser la carrière de télégraphiste.

Il acquiert une grande expérience dans divers bureaux télégraphiques et étonne ses collègues en transmettant les messages avec une vitesse prodigieuse. Entre deux dépêches, Edison continue bien entendu ses expérimentations et cherche à comprendre comment les principes de l'électricité s'appliquent au télégraphe. Au bout de quelques mois, il réussit à inventer un télégraphe duplex permettant de transmettre simultanément deux messages en sens inverse sur un même câble.

DU TÉLÉGRAPHISTE AMBULANT À L'INVENTEUR

À partir de l'âge de 17 ans, Edison parcourt les États-Unis et le Canada, à la recherche d'un meilleur salaire et d'un patron capable de supporter ses manquements. Il travaille volontiers la nuit afin de lire des ouvrages scientifiques et de continuer ses expériences le jour. En 1868, il sollicite son premier brevet pour une machine à compter automatiquement les votes, mais son invention ne rencontre malheureusement pas le succès escompté. Il en tire toutefois une leçon qu'il érigera en principe : ne jamais perdre du temps à inventer des choses que les gens ne sont pas susceptibles d'acheter.

Après avoir collectionné les renvois et les réprimandes, Edison tente sa chance à New York où il s'installe en 1869. Rapidement à court d'argent, il dort dans une chambre modeste au sous-sol d'une compagnie boursière située sur Wall Street. Les débuts sont difficiles mais la chance finit par sourire au jeune inventeur : un soir, le transmetteur annonçant le cours de l'or tombe en panne, semant le chaos dans la compagnie. Saisissant cette opportunité, Edison examine la machine qu'il répare en un tour de main et se voit aussitôt offrir un poste d'ingénieur. Sans le sou deux mois plus tôt, il vit désormais avec un salaire mensuel de 300 dollars – une fortune pour l'époque – qu'il investit dans du matériel scientifique. Thomas Edison a 22 ans et le succès, désormais, ne le quittera plus.

Diverses inventions liées au perfectionnement du télégraphe lui permettent de fonder puis de revendre sa première entreprise. Une fois l'argent empoché, il ouvre en 1871 son propre laboratoire de recherche à Newark, qu'il transfère deux ans plus tard à Menlo Park, dans le New Jersey, où la plupart de ses inventions verront le jour. En 1954, la ville sera d'ailleurs fièrement rebaptisée Edison en l'honneur de son célèbre résident.

L'AVÈNEMENT DU MAGICIEN DE MENLO PARK

Reconstruction du laboratoire de Thomas Edison.

Le laboratoire de Menlo Park est un véritable précurseur dans le domaine de la recherche industrielle. Edison investit dans du matériel de pointe, puis engage plusieurs dizaines d'ouvriers et de chercheurs aux profils variés : mécanicien, horloger, chimiste, électricien, mathématicien, etc. Ensemble, ils se fixent comme objectif d'élaborer une invention mineure tous les dix jours et une invention majeure tous les six mois. Son statut de chef d'entreprise n'empêche pas Edison de contribuer activement au travail quotidien. Loin s'en faut, car le jeune patron est un travailleur forcené, animé par une véritable passion pour son métier d'inventeur. Négligeant sa famille, il vit dans son laboratoire, ne dort que quelques heures par jour, voire pas du tout, et supervise simultanément plusieurs projets de recherche, tout en travaillant de son côté. Son carnet de notes est rempli de dessins techniques et sa tête pleine d'idées brillantes. Toujours actif et exigeant, parfois tyrannique et orgueilleux, Edison attend le même dynamisme et la même persévérance de la part de ses employés.

Cet acharnement s'avère payant car, en dépit de son allure débraillée et de ses attitudes familières, Edison accumule les succès spectaculaires avec ses diverses inventions. En homme d'affaires avisé, il dépose systématiquement des brevets pour chacune de ses trouvailles, avant de les exploiter commercialement. La presse s'extasie devant sa réussite et ne manque pas d'encenser ce nouveau héros américain bientôt reconnu comme le magicien de Menlo Park.

Malgré un succès fulgurant, tout n'est pas rose dans la vie du brillant inventeur. Mary Stilwell (1855-1884), sa femme depuis 13 ans, décède de la fièvre typhoïde en 1884. Edison se remarie deux ans plus tard mais connaît à nouveau une période difficile. Il doit notamment faire face à de nombreux et coûteux procès contre des inventeurs rivaux. Avec pour seule intention de nuire à l'un de ses concurrents dans la course à l'électricité, Edison fait aussi polémique en soutenant la peine de mort par électrocution et le développement de la chaise électrique.

LES DERNIÈRES ANNÉES

Au cours de la Première Guerre mondiale, le Gouvernement américain fait appel à lui pour des recherches concernant l'armement de la marine. En 1928, il est décoré de la médaille d'or du Congrès des États-Unis en remerciement pour ses inventions révolutionnaires.

Jusqu'à la fin de sa vie, Edison poursuit inlassablement ses travaux et dépasse le seuil incroyable du millier de brevets déposés. Comme n'importe lequel de ses employés, il pointe tous les jours ses heures d'entrée et de sortie de l'atelier. Ce n'est qu'à de rares occasions qu'il s'accorde quelques journées de repos durant lesquelles il part camper avec sa famille et ses fidèles amis, le constructeur automobile Henry Ford (1863-1947) et le fabricant de pneumatiques Harvey S. Firestone (1868-1938).

La lumière d'Edison s'arrête de briller le 18 octobre 1931. Le jour de ses funérailles, les Américains lui rendent hommage en éteignant toutes les lampes électriques pendant une minute. Aujourd'hui encore, Thomas Edison, ce petit vendeur de journaux devenu millionnaire, demeure l'un des inventeurs les plus prolifiques que la terre ait jamais porté.

LES GRANDES INVENTIONS DE THOMAS EDISON

LES MACHINES PARLANTES : LE MICROPHONE ET LE PHONOGRAPHE (1877)

Le microphone

Dans la seconde moitié du XIXe siècle, la recherche d'un procédé de communication rapide et fiable s'impose comme une nécessité face au développement du capitalisme industriel et de la haute finance. C'est pourquoi différents inventeurs étudient la possibilité de fabriquer un télégraphe capable de « parler », autrement dit, un système qui communiquerait les sons de la voix humaine au lieu de transmettre des points et des traits.

Edison étudie la question et, le 14 janvier 1876, dépose une note auprès de l'office des brevets des États-Unis pour annoncer qu'il travaille sur un instrument capable de transmettre la voix d'un lieu à un autre au moyen d'un fil. Ce qu'il ne sait pas encore, c'est qu'il n'est pas le seul à mettre au point un tel dispositif. Exactement un mois après la notification d'Edison, les inventeurs Alexander Graham Bell (1847-1922) et Elisha Gray (1835-1901) sollicitent indépendamment, mais le même jour, un brevet pour un téléphone déjà opérationnel. Cependant, le premier est plus rapide de quelques heures et c'est son nom que l'histoire retiendra.

Le premier téléphone de Graham Bell. Dessin de Louis Figuier.

Fort de ce premier succès, Bell propose de vendre sa machine à la Western Union, mais celle-ci refuse son offre. Aux yeux de la compagnie télégraphique, le prototype comporte trop de défauts. Le téléphone de Bell repose sur le principe de l'électromagnétisme : les ondes de la voix font vibrer un diaphragme (une fine membrane métallique) dont le mouvement modifie le champ magnétique d'un électro-aimant placé contre lui. Cette modification du flux magnétique engendre un faible courant électrique qui est transporté par un fil jusqu'à un second téléphone, parfaitement identique au premier, où le processus inverse génère la vibration du diaphragme, reproduisant de cette manière le son d'origine. Le problème réside dans le fait que les impulsions de la voix humaine sont faibles et que, par corrélation, les signaux électriques qu'elles engendrent dans le téléphone le sont également. De ce fait, la communication ne peut être établie que sur de courtes distances et il est difficile de se faire comprendre, même en criant, car le son parvient très affaibli. Pour ne rien arranger, le design de la machine est peu commode puisque le transmetteur et le récepteur ne forment qu'un seul et même dispositif que l'on porte alternativement de la bouche à l'oreille.

Bell n'abandonne pas pour autant le projet et parvient à récolter les fonds nécessaires pour financer lui-même la Bell Telephone Company. Il lance la production de son appareil et obtient rapidement la faveur des hommes d'affaires qui le préfèrent au télégraphe. Entre-temps, malgré son refus, la Western Union entrevoit le potentiel commercial du téléphone. En 1877, elle consulte Edison et lui demande d'optimiser l'appareil de Bell afin qu'il soit pleinement fonctionnel.

La principale difficulté consiste à convertir les vibrations des cordes vocales en de puissants signaux électriques. Edison remédie au problème en alimentant tout d'abord le téléphone au moyen d'une batterie. Dans une petite capsule circulaire, il place ensuite de minuscules grains de carbone maintenus entre deux fines plaques métalliques. La capsule est refermée avec une membrane souple et, lorsque l'on parle, cette membrane comprime les granules en resserrant leurs points de contact, ce qui fait varier l'intensité du courant. Alors que dans l'appareil de Bell, ce sont les ondes sonores qui génèrent directement le courant, dans celui d'Edison, la voix humaine ouvre ou ferme avec plus ou moins d'intensité une sorte de vanne qui contrôle la diffusion du courant. Avec le microphone à charbon, les signaux électriques suivent ainsi le mouvement des ondes de la voix. Le volume sonore augmente aussitôt et la portée de la liaison peut s'étendre sur plusieurs centaines de kilomètres. Ce système est encore utilisé à l'heure actuelle. Pour finir, à la différence du téléphone de Bell, celui d'Edison comporte comme aujourd'hui un transmetteur et un récepteur séparés, ce qui s'avère beaucoup plus pratique à l'usage.

Sans le microphone, le procédé téléphonique de Bell était limité, mais Edison n'a fait qu'améliorer l'invention de son rival. Cette situation délicate fait naître une querelle entre Edison et Bell qui aboutit, trois ans plus tard, à un accord à l'amiable et à l'utilisation généralisée du téléphone. Certes, Bell est incontestablement l'inventeur du téléphone, mais il est également certain que, sans les améliorations apportées par Edison, l'extension mondiale de la téléphonie aurait été beaucoup plus difficile.

Le phonographe

Au cours de l'année 1877, le travail qu'Edison effectue sur le téléphone l'amène à réfléchir au concept de machine parlante. Serait-il possible d'enregistrer la voix humaine sur un support pour la reproduire ensuite ? Si la question de la conservation de la parole est fascinante, elle n'est pas neuve. Depuis la naissance de la photographie dans les années 1820, on rêve tout naturellement de réaliser pour le son ce que l'on a fait pour l'image, en inventant un genre de papier écho capable de répéter ce qu'il entend. Mais la tâche est ardue. En 1857, l'inventeur français Édouard-Léon Scott de Martinville (1817-1879) crée une machine qu'il baptise le phonautographe. Celle-ci est visiblement capable de graver des sons sur un papier recouvert de noir de fumée, mais elle demeure incapable de les restituer. Vingt ans plus tard, en 1877, Charles Cros (1842-1888) suit les traces de son compatriote et améliore le procédé de l'appareil en réglant le problème de la reproduction du son. Faute d'appui financier, il ne parvient malheureusement pas à fabriquer un prototype. Ce qu'il nomme alors le paléophone est pourtant très proche de la future invention d'Edison.

La même année, et sans avoir connaissance des découvertes de Charles Cros, Edison tente à son tour l'expérience de l'enregistrement sonore dans son laboratoire de Menlo Park. Depuis son travail sur le téléphone, Edison a gardé en tête le principe des vibrations sonores et de leur transmission au moyen d'un diaphragme. Il tente alors une expérience : après avoir relié une membrane à une pointe s'appuyant sur du papier, il prononce le mot « allô » qui semble s'enregistrer sur la feuille sous la forme de petits sillons. En tirant sur le papier poinçonné, il constate que les sillons animent l'aiguille qui elle-même fait vibrer le diaphragme, lequel reproduit les ondes de son. Avec stupéfaction, Edison entend très faiblement le mot qu'il a prononcé. Certes, c'est à peine audible, surtout pour Edison, mais l'esprit de l'inventeur bouillonne déjà. Il dessine sans tarder le plan d'une machine dont il confie la construction à son assistant John Kruesi (1843-1899). Ce dernier le prend pour un fou, tout comme le reste de ses collaborateurs d'ailleurs : capturer la voix humaine, ses intonations et ses nuances si diverses, en voilà une idée folle ! Durant l'hiver 1877, le miracle devient pourtant réalité.

Thomas Edison et la première version de son phonographe.

Le jeudi 6 décembre 1877, Kruesi apporte l'engin commandé par son patron. Il s'agit d'un gros cylindre métallique parcouru d'un sillon hélicoïdal, dont la rotation est assurée par une manivelle. À chaque extrémité, un diaphragme porte une aiguille que l'on peut entraîner dans le sillon. Dans le laboratoire, tout le monde se réunit autour de cet étrange appareil qui laisse dubitatif. Sans vraiment y croire non plus,

Edison tourne la manivelle et, d'une voix claire, entame le récit d'une poésie populaire : « Marie avait un petit agneau... ». L'enregistrement se fait sur une feuille d'étain préalablement enroulée sur le cylindre et que la pointe creuse plus ou moins sous l'effet des vibrations vocales. Alors que la comptine se termine, l'assemblée retient son souffle. Edison retire l'aiguille enregistreuse, ramène le cylindre à son point de départ et ajuste l'aiguille de l'autre diaphragme afin qu'elle repose à son tour contre la feuille d'étain. Il actionne à nouveau la manivelle. Aussitôt, la voix d'Edison, parfaitement reconnaissable, se fait entendre. Tout d'abord ébahie, la foule de collaborateurs explose de joie. Avec cet appareil, Edison vient tout simplement d'inventer l'enregistrement sonore ! L'équipe de Menlo Park n'en a pas encore conscience, mais il s'agit là d'un acte fondateur qui va permettre à la musique de pénétrer dans les foyers et d'engendrer une toute nouvelle industrie.

Plus tard, Edison lui-même avouera n'avoir jamais été aussi surpris de sa vie qu'après avoir entendu sa machine parler. Le phonographe, ou plutôt son *baby* comme il l'appelle avec tendresse, restera son invention préférée. Aussi étonnant que cela puisse paraître, c'est donc à un homme pratiquement sourd que l'on doit l'amélioration acoustique du téléphone ainsi que l'invention de l'enregistrement sonore.

QUE LA LUMIÈRE SOIT !
L'AMPOULE ÉLECTRIQUE (1879)

Dans les mois qui suivent l'invention du phonographe, Edison se lance dans un tout autre domaine en concentrant son attention sur l'éclairage électrique. Sa renommée est déjà grande, mais son plus grand triomphe reste à venir.

À l'époque, on s'éclaire encore avec des bougies et des lampes à pétrole ou, pour les plus aisés, à l'aide d'onéreux luminaires à gaz. Les bougies et les lampes à pétrole sont relativement peu chères, mais n'apportent qu'une lumière de faible intensité. Le gaz, quant à lui, amène une luminosité agréable, mais il demeure dangereux puisque susceptible d'exploser ; sans compter qu'en brûlant de l'oxygène, l'éclairage au gaz noircit les murs et occasionne des maux de tête. Conscient de ces problèmes, Edison cherche un moyen à la fois sûr et bon marché d'illuminer tous les foyers. Il se tourne rapidement vers l'énergie électrique avec laquelle il s'est familiarisé lorsqu'il était télégraphiste. Pour lui, l'électricité a un énorme potentiel car, après tout, elle a déjà révolutionné la société en alimentant le télégraphe puis le téléphone. Elle peut donc encore améliorer la vie des gens.

Lors d'une exposition scientifique dans le Connecticut, Edison assiste à la démonstration d'une lampe à arc, le seul dispositif alors capable de fournir une lumière électrique : lorsque l'on approche deux baguettes de charbon placées sous haute tension, un arc électrique jaillit et propage une forte lumière. Mais le procédé fait mauvaise impression à Edison, car les baguettes s'usent très rapidement et dégagent une importante fumée. De plus, la lampe grésille bruyamment et diffuse une lumière aveuglante et non réglable. Bref, une telle installation est absolument inutilisable au sein d'un espace domestique. Pour l'inventeur, le défi n'en est que plus stimulant. Il est convaincu qu'en générant une électricité maîtrisable, il pourra produire une lumière de nature électrique qui soit douce comme la lampe à gaz, sans toutefois posséder tous ses inconvénients.

En s'inspirant du modèle de distribution du réseau gazier, Edison imagine tout un système de générateurs, de fils et de câbles électriques qui mettra l'électricité à la portée de tous. Chaque maison, chaque bureau, chaque boutique seront ainsi alimentés en électricité depuis une centrale. Le courant électrique sera ensuite subdivisé et réparti au sein des bâtiments afin d'utiliser non pas une seule lampe de forte intensité, mais plusieurs petites à basse tension. Afin d'anticiper la mise en place de ce système, l'inventeur fonde l'Edison Electric

Light Company en 1878. Cinq ans plus tard, la compagnie fusionne pour devenir la très célèbre firme General Electric qui est encore aujourd'hui l'une des plus grandes entreprises au monde.

En attendant, c'est la lampe électrique elle-même qui pose le plus de problèmes. Edison ne cherche en effet pas à générer des étincelles électriques ou des flammes pour apporter de la lumière. Il mise plutôt sur l'éclairage incandescent : il s'agit de faire briller, à l'intérieur d'une ampoule de verre dont l'air a été aspiré, un filament en le portant à une température élevée grâce au courant électrique. C'est un pari risqué car jusqu'ici personne n'est parvenu à maîtriser cette technique.

Le premier prototype de l'ampoule électrique à incandescence a été créé par l'Écossais James Bowman Lindsay (1799-1862) en 1835. À sa suite, plusieurs scientifiques ont tenté d'élaborer une ampoule parfaitement utilisable. En vain, car les divers brins de métal ou de carbone qui ont été utilisés et chauffés électriquement ne luisent que quelques minutes avant de griller. En 1879, le Britannique Joseph Swan (1828-1914) est le premier à faire breveter une ampoule électrique qui peut briller plusieurs heures par incandescence, sans toutefois se consumer. Mais ce sont les améliorations apportées la même année par Thomas Edison qui vont permettre, grâce à un fil de coton carbonisé, de passer d'une durée de quelques heures à plusieurs dizaines. L'équipe de Menlo Park n'en reste pas là et continue des mois durant à perfectionner la longévité du filament conducteur. Débloquant un budget colossal de 40 000 dollars, Edison envoie ses agents aux quatre coins du monde en quête d'une matière capable de résister à des températures élevées. Plus de 6 000 substances minérales et végétales sont ainsi testées et c'est finalement le filament de bambou du Japon qui se montre le plus résistant. Grâce à ce matériau, l'ampoule d'Edison est capable de s'illuminer plus d'une quarantaine d'heures, un record qui ne cessera d'être amélioré.

Comme prévu, Edison ne se contente pas d'inventer une ampoule électrique fiable et commercialement exploitable ; il conçoit en même temps un système d'éclairage bon marché qu'il destine à tous les citoyens. En 1882, il édifie la première centrale électrique au monde dans le quartier de Pearl Street à New York. Le soir du 4 septembre, cette centrale distribue pour la première fois de l'électricité pour l'éclairage de la ville. Peu à peu et dans le monde entier, l'éclairage électrique s'impose et se substitue aux désuètes lampes à gaz. L'électricité illumine les rues et s'installe dans les usines, dans les hôtels, dans les théâtres, puis dans toutes les maisons, même les plus humbles.

EN ROUTE VERS LE CINÉMA : LE KINÉTOGRAPHE ET LE KINÉTOSCOPE (1891)

Si les frères Lumière (Auguste, 1862-1954, et Louis, 1864-1948) sont souvent considérés comme les inventeurs du cinéma, l'invention de l'art cinématographique ne peut être attribuée à une personne en particulier, car le cinéma demeure le résultat d'une œuvre collective. Une fois de plus, Edison joue un rôle de pionnier en participant à cette grande épopée technologique et culturelle.

Jusque dans les années 1880, Edison ne s'occupe pas encore de la photographie, malgré le très grand intérêt qu'il lui porte. Il rêve en effet de pouvoir un jour combiner le son du phonographe aux images mobiles d'un chanteur ou d'un orchestre interprétant une chanson. Vers 1887, il décide finalement d'y réfléchir sérieusement en étudiant tout d'abord la construction de l'appareil photographique puis en s'amusant à développer lui-même quelques photos. Il se penche ensuite sur les travaux du photographe anglais Eadweard Muybridge (1830-1904), célèbre pour ses études d'animaux en mouvement et pour son zoopraxiscope, l'un des premiers dispositifs modernes de visualisation cinématographique.

Edison comprend alors que, pour saisir le mouvement, il doit pouvoir tirer en un temps donné le plus grand nombre d'images possible. En faisant succéder très rapidement les images, l'œil n'aurait tout simplement pas le temps de voir qu'il s'agit de photos bien distinctes et le spectateur aurait l'illusion du mouvement. Mais comment prendre et faire défiler des photos aussi rapidement ? Le 8 octobre 1888, le bureau des brevets américains reçoit Edison et consigne sa première idée d'invention ayant trait au cinéma. L'inventeur s'explique :

> « Je suis en train d'expérimenter un instrument qui fait pour l'œil ce que le phonographe fait pour l'oreille : il enregistre et reproduit des objets en mouvement ; il sera bon marché, commode et d'un fonctionnement sûr. J'appelle cet appareil Kinétoscope, c'est-à-dire "image mobile". Cette invention consiste à prendre une série continue de photos à différents moments [...] puis à fixer ces séries d'images sur une spirale continue, sur un cylindre ou sur une plaque comme on enregistre le son pour un phonographe. » (BOORSTIN (Daniel), *Histoire des Américains. L'expérience démocratique*, tome 3, Paris, Armand Colin, 1981, p. 381)

Mais l'idée du cylindre photographique, inspirée par le rouleau enregistreur du phonographe, est vite abandonnée. Doté d'un flair légendaire, Edison pressent l'importance du celluloïd qui offre un support beaucoup plus souple et résistant. Il s'associe avec George Eastman (1854-1932), le fondateur de Kodak, qui vient de développer le premier film commercial pour appareil photo portatif. Sur demande de l'inventeur, Eastman met au point un long ruban de pellicule photographique en celluloïd transparent, d'une largeur standard de 70 millimètres. Une autre intuition brillante d'Edison consiste à avoir cherché à diviser la technologie cinématographique en deux parties indissociables : d'une part, un système d'enregistrement de l'image (le kinétographe), d'autre part, un système de projection de l'image enregistrée (le kinétoscope).

À cette époque, Edison a la chance d'avoir à ses côtés un collaborateur du nom de William K. L. Dickson (1860-1934), féru de photographie, qui apportera des idées fondamentales au projet. Après avoir confronté leurs points de vue, les deux hommes se lancent dans la création du kinétographe (du grec *kinetos*, « en mouvement », et *graphein*, « écrire »), l'ancêtre des caméras de cinéma. Pour assurer le défilement rapide de la bande fournie par Eastman, Edison fait appel à ses souvenirs de jeunesse. N'oublions pas qu'avant d'être chef d'entreprise, Edison était un télégraphiste virtuose. Inspiré par le mécanisme du télégraphe, qui retranscrit les messages sur un ruban de papier perforé en son centre, qui est ensuite entraîné par une roue dentée, Edison découpe la bande d'Eastman en deux afin d'obtenir un ruban de 35 millimètres de large, dans lequel il perce une série de quatre petits trous rectangulaires de part et d'autre de l'image. La pellicule cinématographique est née.

Au moyen de deux roues dentées placées de chaque côté de la bande, Edison peut désormais entraîner la pellicule dans un mouvement intermittent parfaitement stable. Pour capter les images, le film en celluloïd est recouvert d'une émulsion photosensible avant de défiler verticalement à l'intérieur d'un appareil de prise de vue. Un obturateur placé entre l'objectif et le film se charge de laisser passer la lumière à intervalle régulier de manière à fixer l'image sur la pellicule. La machine ainsi créée est plutôt lourde et encombrante, et nécessite en outre une alimentation électrique.

Pour permettre la visualisation des images enregistrées par le kinétographe, le duo Edison/Dickson conçoit par la suite le kinétoscope. Il s'agit d'une grosse caisse en bois à l'intérieur de laquelle la bande perforée se déroule en continu à l'aide d'un tambour à dents alimenté électriquement. Par le biais d'un œilleton percé dans le boîtier, on admire les images du film qui défilent à grande vitesse à travers une combinaison de lentilles grossissantes. Le kinétoscope est un appareil de visionnage individuel. Ainsi, les spectateurs sont invités chacun à leur tour à se pencher vers la boîte pour y observer des saynètes représentant des personnages réels en mouvement.

En 1891, la machine est présentée à la presse et au public américain. Les retours sont dithyrambiques et le succès est au rendez-vous. Pendant plusieurs mois, Edison y apporte des améliorations et aménage ensuite un peu partout dans le pays des *Kinetoscope Parlors*. Ces petites galeries sont équipées d'une dizaine d'exemplaires du kinétoscope que le public s'empresse d'essayer, le dos courbé et les yeux rivés sur l'œilleton. Une pièce de 25 centimes suffit pour la faire s'activer et le spectateur peut profiter d'un film d'une trentaine de secondes qui passe en boucle. En fonction du choix de l'appareil, le spectateur peut visionner un combat de boxe, un spectacle de danse, un numéro de cirque, ainsi que d'autres saynètes comme celle, bien plus anodine, d'un homme qui éternue. Le contenu de ces petites scènes filmées peut sembler banal aujourd'hui, mais à la fin du XIXe siècle, contempler une image animée était une véritable révolution. Le magicien chamboule ainsi le monde de l'art et du divertissement, tout en dégageant d'immenses bénéfices.

RÉPERCUSSION DE SES INVENTIONS

À la fin du XIXᵉ siècle, dans l'effervescence de la révolution industrielle américaine, Edison s'impose comme un inventeur de génie et l'un des plus prolifiques que son temps ait connu. L'étendue des domaines concernés par ses inventions laisse pantois. Depuis les télécommunications jusqu'au cinéma, en passant par l'électricité et l'acoustique, le magicien de Menlo Park touche véritablement à tout. En découlent des réalisations qui bouleversent et transforment à jamais la vie de millions d'hommes et de femmes, si bien qu'il est très difficile de trouver un inventeur susceptible de rivaliser avec Edison en termes d'impact sur la société.

UNE LUMIÈRE POUR TOUS

L'exemple le plus frappant est sans conteste celui de la lampe à incandescence qu'Edison a perfectionnée et commercialisée. Déjà bien implantée aux États-Unis lorsqu'elle est présentée à l'Exposition universelle de Paris en 1889, l'ampoule électrique devient très vite un phénomène mondial, apparaissant comme un symbole de sécurité et de confort moderne. C'en est fini des dangereuses lampes à gaz ou à pétrole qui avaient elles-mêmes remplacé, un siècle auparavant, les chandelles de suif et de cire héritées de l'époque médiévale.

En multipliant ses centrales électriques et en fournissant ainsi une énergie abondante, peu chère et disponible pour tous, Edison s'attaque aussi aux inégalités sociales. Par la même occasion, il ouvre la voie à l'arrivée de nouvelles commodités ainsi qu'à de nouveaux biens de consommation qui simplifient et facilitent la vie domestique : le réfrigérateur, la cuisinière électrique, l'aspirateur, la machine à laver, la radio ou encore la télévision, tous ces appareils sont alimentés par l'électricité et s'invitent progressivement dans les foyers des pays industrialisés.

Par ailleurs, c'est en poursuivant ses recherches sur l'ampoule électrique que l'inventeur réalise la seule véritable découverte scientifique de sa carrière : l'effet Edison ou émission thermoïonique. Il s'agit d'une mise en évidence de la circulation unidirectionnelle des flux d'électrons provenant d'un métal chauffé sous vide. Inventeur pragmatique et mercantile plus que véritable scientifique, Edison fait breveter sa découverte, mais reste convaincu de son inutilité commerciale et en abandonne presque aussitôt l'étude. Bien mal lui en a pris car ce phénomène se révèlera être à la base de l'industrie électronique. Le physicien anglais John Ambrose Fleming (1849-1945), un ancien ingénieur consultant pour l'Edison Electric Light Company, poursuit les recherches et parvient à mettre au point le premier tube électronique, l'ancêtre du transistor, en 1904. Ses applications déboucheront, entre autres, sur l'invention de la radio, de la télévision et de l'ordinateur.

De nos jours, les ampoules à incandescence d'Edison font progressivement place à des systèmes alternatifs plus écologiques, comme les lampes à LED, moins gourmandes en énergie. Néanmoins, le culot à vis, qui est également une idée d'Edison, est encore utilisé aujourd'hui et fait d'ailleurs directement référence à son inventeur. La désignation de cet embout s'exprime en effet par la lettre E (comme Edison), suivie du diamètre de la vis en millimètres (par exemple, une ampoule E27 possède un culot à vis de 27 millimètres de diamètre).

LA NAISSANCE DE L'INDUSTRIE MUSICALE

Le phonographe fait également sensation lors de son apparition en 1877. La capacité de l'appareil à reproduire la voix humaine est si novatrice qu'Edison doit multiplier les démonstrations publiques afin de prouver qu'il ne s'agit pas d'une supercherie montée à l'aide d'un ventriloque. D'un bout à l'autre des États-Unis, cet exploit technique attire les foules et remplit les salles de spectacles. Le président Rutherford B. Hayes (1822-1893) lui-même convoque Edison à la Maison-Blanche afin d'assister à une présentation du phonographe.

Si Edison est un homme d'affaires de talent, il lui arrive de sous-estimer les possibilités commerciales de ses inventions et d'en laisser le bénéfice à d'autres. Le cas du phonographe est assez parlant. Sa surdité partielle et l'absence de sensibilité musicale qui en découle expliquent sans doute pourquoi il ne perçoit pas tout de suite les enjeux culturels et économiques du marché de la musique. En effet, une fois passé le choc de la découverte, Edison imagine toute une série d'applications pour son phonographe, très éloignées des aspirations musicales : horloges et poupées parlantes, livres phonographiques, conservation des souvenirs d'êtres chers ou de personnages importants, exercices pédagogiques tels que la dictée, etc. En fait, la principale intention d'Edison est d'exploiter la machine parlante en tant qu'outil de travail, en remplacement notamment des sténographes. C'est un échec car cette perspective ne convainc pas le monde des affaires. La plupart du temps, le phonographe est utilisé dans des lieux publics pour y diffuser un enregistrement musical pour cinq centimes.

Le plus gros défaut du phonographe réside dans son rouleau enregistreur qui, alors qu'il coûte cher, se détériore rapidement. Or, pour créer un vaste marché de la musique, il faut disposer d'un nouveau type de support. Ce n'est pas Edison qui règle le problème mais Émile Berliner (1851-1929), un inventeur allemand naturalisé américain qui, à l'inverse de son confrère, se passionne pour la musique. En 1888, Berliner simplifie le fonctionnement du phonographe et crée le gramophone qu'il destine uniquement à la production musicale.

À cette fin, il remplace le diaphragme de reproduction sonore par un grand haut-parleur en forme de cornet. Il substitue également le cylindre d'Edison par un disque plat à microsillon dont la composition en résine plastique a une durée de vie plus longue. À partir de l'enregistrement original, le disque est aussi beaucoup plus facile à fabriquer en série.

Le gramophone est commercialisé pour la première fois en 1893. Moins cher, plus maniable et d'une qualité d'écoute supérieure, il supplante peu à peu la machine parlante d'Edison. Ce dernier finit par renoncer à ses rouleaux et adopte à son tour le disque en 1912. Grâce à l'impulsion donnée par le phonographe d'Edison et aux améliorations apportées par Berliner, l'accès à la musique se démocratise et le très lucratif marché du disque se met en place au début du XXe siècle. Il est désormais possible d'écouter chez soi des chansons populaires ou des concerts classiques qui étaient jusque-là réservés à une élite. Les techniques d'enregistrement et de lecture analogique, introduites par le phonographe d'Edison, ne seront remplacées qu'en 1979 avec l'apparition du compact disc numérique développé par l'entreprise hollandaise Philips.

LES DÉBUTS DU CINÉMA

Si le kinétoscope est un aboutissement pour Edison, c'est aussi le point de départ d'une réflexion de la famille Lumière qui conduira, en 1895, à la création du cinéma tel qu'on le connaît aujourd'hui.

Avec le succès du kinétoscope, Edison songe bien entendu à la projection sur grand écran, mais il sait également qu'il en vendra beaucoup moins si un seul appareil venait à suffire pour projeter le même film à tout un public. Acquis à cette logique mercantile, il estime que le visionnage individuel de son appareil est plus rentable et abandonne de ce fait l'idée d'un projecteur « kinétoscopique ».

Ce sont les frères Lumière qui franchissent le pas. Durant l'été 1894, Edison organise à Paris une démonstration publique de son invention à laquelle assiste Antoine Lumière (1862-1954), le père d'Auguste et de Louis Lumière. Un an plus tard, poussés par leur père, les deux frères fabriquent une caméra réversible servant à la prise de vue comme à la projection. D'abord nommé kinétoscope de projection, l'appareil est vite rebaptisé cinématographe (du grec *kinema*, « mouvement », et *graphein*, « écrire »). La première projection publique a lieu le 28 décembre 1895 à Paris, devant 33 spectateurs. L'expérience de la famille Lumière est couronnée de succès et marque l'avènement du cinéma en tant que divertissement de masse. Les séances publiques se multiplient tout comme les salles de projection qui prolifèrent dans le monde entier. Entre 1895 et 1910, le cinéma se transforme en une industrie aux enjeux internationaux.

Si le kinétoscope disparaît peu à peu, plusieurs réalisations de son inventeur subsistent tout de même dans le monde du cinéma. Ainsi, la pellicule perforée de 35 millimètres s'impose comme un standard dans l'industrie cinématographique et demeure, aujourd'hui encore, le format de référence. C'est aussi Edison qui, le premier, a l'idée d'utiliser le mot anglais *film* (« rouleau de pellicule ») pour désigner une œuvre cinématographique. Il peut également être considéré comme le précurseur de l'industrie hollywoodienne puisqu'en 1893, il fonde le tout premier studio de cinéma, la Black Maria, afin d'alimenter ses kinétoscopes en films.

Quant au rêve initial du magicien de combiner son et image, phonographe et kinétoscope, il s'avère à l'époque irréalisable tant les difficultés techniques paraissent insurmontables, même pour Edison. Le vrai cinéma parlant n'apparaît qu'en 1927. Trois ans plus tard, l'Academy of Motion Picture Arts and Sciences décerne l'oscar d'honneur à Thomas Edison pour sa contribution décisive à l'histoire du cinéma. Voilà la dernière récompense d'un personnage hors du commun.

EN RÉSUMÉ

11 fév. 1847	Naissance d'Edison
1857	Edison découvre les sciences
1862	Edison devient télégraphiste
1873	Edison transfère son laboratoire à Menlo Park
1877	Edison invente le phonographe
1879	Edison invente l'ampoule électrique
1880	Edison découvre l'émission termoïonique à laquelle il donne son nom
1882	Edison fonde la première centrale électrique
1891	Edison invente le kinétographe et le kinétoscope
1893	Edison fonde la Black Maria
18 oct. 1931	Décès d'Edison

- Thomas Edison naît le 11 février 1847 à Milan (Ohio) et décède le 18 octobre 1931 à West Orange (New Jersey). À cette époque, les États-Unis sont en pleine expansion politique et économique. Edison vient d'une famille modeste et n'est scolarisé que quelques mois avant d'être renvoyé. Si sa mère lui enseigne les bases, il découvre la plupart des choses par lui-même en dévorant des centaines d'ouvrages scientifiques.

- À 13 ans, il attrape la scarlatine et en ressort partiellement sourd. Selon ses dires, il s'agit là d'une bénédiction plutôt que d'un handicap car la surdité intensifie sa capacité de concentration.

- Edison est l'exemple parfait du *self-made man* américain. Hardi et ambitieux, il entre très jeune dans le monde du travail et gravit seul les échelons de la réussite. Petit vendeur de journaux à 12 ans, télégraphiste à 15, Edison devient l'un des meilleurs ingénieurs électriciens de Wall Street à seulement 22 ans. Quatre ans plus tard, il fonde son propre laboratoire de recherche industrielle dans le New Jersey. Ses créations, comme le phonographe, l'ampoule électrique ou encore le kinétoscope, font rapidement de lui un millionnaire et une figure médiatique reconnue.

- Edison est un inventeur prolifique et sans doute l'un des plus grands de tous les temps. Au cours de sa vie, il dépose plus d'un millier de brevets pour des inventions qui concernent de très nombreux domaines. L'industrie de l'électricité, de la musique, du cinéma et de l'électronique, toutes sont nées d'une réalisation d'Edison. Ainsi, peu d'inventeurs peuvent se targuer d'avoir exercé une influence aussi grande sur l'existence quotidienne des gens.

- En réunissant des experts de diverses disciplines scientifiques avec lesquels il collabore, Edison crée des laboratoires d'une conception totalement nouvelle, préfigurant les équipes de recherche et développement qui jouent actuellement un rôle crucial au sein des grandes entreprises.

- Edison est un habile technicien plutôt qu'un véritable homme de sciences. Au cours de sa longue carrière d'inventeur, il n'ajoute aux connaissances scientifiques qu'une seule et unique découverte : l'émission thermoïonique, également appelé effet Edison.

- Sa méthode de travail repose essentiellement sur l'expérimentation systématique : il avance par tâtonnements successifs et n'hésite pas à dépenser d'importantes sommes d'argent en vue de trouver le matériel et la technique les plus adaptés à son invention. À l'exception notable du phonographe, il est rarement le seul et unique auteur d'une invention. Son génie lui permet de perfectionner les idées développées par d'autres personnes.

- En homme d'affaires avisé, il fait breveter chacune de ses inventions, puis fonde des entreprises (dont certaines, comme General Electric, existent encore) afin de les exploiter commercialement. Il est à l'origine d'un empire industriel tentaculaire dont la plupart des bénéfices sont réinvestis afin de créer de nouvelles inventions. En démocratisant l'accès à la musique, au cinéma et à l'énergie électrique, Edison est un inventeur qui se place au service de la société : il désire, sincèrement et avant tout, améliorer la vie des gens.

POUR ALLER PLUS LOIN

SOURCES BIBLIOGRAPHIQUES

- Boorstin (Daniel), *Histoire des Américains. L'expérience démocratique*, tome 3, Paris, Armand Colin, 1981.
- Borvon (Gérard), *Histoire de l'électricité. De l'ambre à l'électron*, Paris, Vuibert, 2009.
- Clark (Ronald William), *Edison, l'artisan de l'avenir*, Paris, Belin, 1986.
- Edison (Thomas Alva), *Mémoires et Observations*, Paris, Flammarion, 1948.
- Kemp (Philip), *Tout sur le cinéma. Panorama des chefs-d'œuvre et des techniques*, Paris, Flammarion, 2011.
- Stross (Randall), *The Wizard of Menlo Park : How Thomas Alva Edison Invented the Modern World*, New York, Three Rivers Press, 2007.
- Wachhorst (Wyn), *Thomas A. Edison : an American Myth*, Cambridge, MIT Press, 1981.
- Tournès (Ludovic), *Du phonographe au MP3. Une histoire de la musique enregistrée (XIXe-XXIe siècles)*, Paris, Autrement, 2008.

SOURCES ICONOGRAPHIQUES

- Reconstruction du laboratoire de Thomas Edison. La photo reproduite est réputée libre de droits.
- Le premier téléphone de Graham Bell. Dessin de Louis Figuier. La photo reproduite est réputée libre de droits.
- Thomas Edison et la première version de son phonographe. La photo reproduite est réputée libre de droits.

MUSÉES

- Le Thomas Edison center à Menlo Park (New Jersey).
- L'Edison Birthplace Museum à Milan (Ohio).
- Le Thomas Edison Depot Museum à Port Huron (Michigan).
- Le Thomas Edison National Historical Park à West Orange (New Jersey).
- L'Edison & Ford Winter Estates à Fort Myers (Floride).

Éditeur responsable : Lemaitre Publishing
Rue Lemaitre 6 | BE-5000 Namur
info@lemaitre-editions.com

ISBN ebook : 978-2-8062-6440-4
ISBN papier : 978-2-8062-6441-1
Dépôt légal : D/2015/12603/200
Photo de couverture : réputée libre de droits.

Conception numérique : Primento,
le partenaire numérique des éditeurs